QUELQUES

OBSERVATIONS

D'UN

DÉLÉGUÉ DES COLONIES

A Messieurs les Membres de la Commission chargée
de l'examen de la proposition de M. Passy,

Par le Bon de COOLS,

DÉLÉGUÉ DE LA MARTINIQUE.

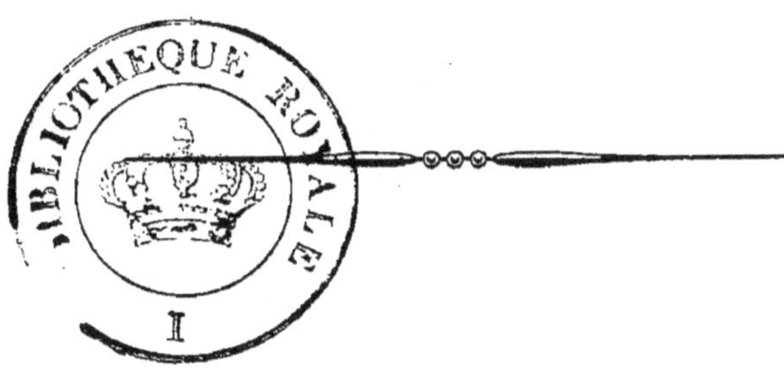

PARIS,

IMPRIMERIE DE GUIRAUDET ET CH. JOUAUST,

RUE SAINT-HONORÉ, 315.

1838

QUELQUES

OBSERVATIONS

D'UN

DÉLÉGUÉ DES COLONIES

A Messieurs les Membres de la Commission chargée
de l'examen de la proposition de M. Passy.

Messieurs,

Lorsque, au commencement de la présente session, les délégués des colonies croyaient pouvoir concentrer toutes leurs pensées sur le meilleur moyen d'arriver à la réparation des graves dommages que la législation actuelle des sucres impose à l'agriculture et au commerce colonial, ils étaient loin de songer qu'il leur faudrait en même temps lutter contre une attaque directe au droit de propriété du colon français, contre un

1

essai de désorganisation du travail colonial et de destruction des richesses qu'il a créées, enfin contre une violation manifeste du peu de garanties stipulées en faveur des colonies par la loi du 24 avril 1833.

C'est cependant ce à quoi nous réduit la proposition dont l'examen vous a été déféré, et dont notre caractère légal nous commande de contester le droit et de démontrer les inconvénients et les dangers.

Je n'examinerai point ici, Messieurs, si, par les dispositions de la loi de 1833, la Chambre des députés, dont l'œuvre législative est aujourd'hui celle des trois pouvoirs de l'état, se trouve dessaisie d'une manière absolue ou d'une manière relative du règlement de la grande question de l'émancipation. Dans le cas d'une solution générale et définitive, la nécessité de pourvoir aux conditions d'une juste et préalable indemnité dit assez que cette solution ne pourrait avoir lieu sans le concours des Chambres. Mais ce que je me crois fondé à soutenir, c'est que les Chambres ont, dans cette même loi, formellement abandonné le droit d'intervenir dans les affranchissements partiels et dans les améliorations à introduire dans la condition des personnes non libres, que (par des considérations consacrées en principe par le rapport et le vote de la Chambre des députés) cette Chambre elle-même a jugé juste, utile et sage, de faire régler par le pouvoir royal. (Art. 3 de la loi.) (1)

La loi du 24 avril concernant le régime législatif des colonies a tous les caractères d'une véritable loi organique.

Les colonies, vous le savez, Messieurs, n'ont point été appelées à en discuter les dispositions. Plus ces dispositions sont restrictives des droits des Français d'outre-mer, plus les garanties

(1) « Cet article énumère les attributions conférées à l'autorité royale ; elles embrassent tous les intérêts coloniaux qu'on ne pouvait confier à des assemblées délibérantes *sans enflammer les passions, sans compromettre la paix publique*, ou rendre impossible la marche du gouvernement. . . . .

»C'est d'après les considérations diverses qui viennent d'être exposées que nous accordons, comme la Chambre des pairs, à l'autorité royale, de régler *les conditions et les formes des affranchissements, ainsi que celles des recensements* qui peuvent en constater les résultats . . . .

»C'est toujours en nous appuyant sur l'autorité des actes accomplis que nous confions, comme l'a fait la Chambre des pairs, à l'autorité royale, *les améliorations que l'avenir permettra d'introduire dans la condition des personnes non libres, etc.*, qui sont compatibles avec les droits acquis. »

(Rapport de M. le baron Ch. Dupin, séance de la Chambre des députés du 3 avril 1833.)

qu'elles consacrent doivent être respectées par les pouvoirs métropolitains de qui elles émanent.

En refusant aux cent mille citoyens français de nos colonies l'admission de leurs députés dans son sein, et en leur interdisant ainsi la tribune et le vote législatifs, la Chambre de 1833, conséquente avec elle-même, sentit qu'elle ne pouvait plus retenir le droit de juger des intérêts qu'elle ne représentait pas.

Ce fut ainsi qu'elle abandonna textuellement au domaine de l'ordonnance (où les colonies étaient mises en possession d'un droit de consultation préalable à toute promulgation) *les conditions et les formes des affranchissements, les recensements, et les améliorations à introduire dans la condition des personnes non libres qui seraient compatibles avec les droits acquis.* (Art. 3, § 5 et 6.)

En présence d'un texte aussi précis, il est difficile de s'expliquer comment l'auteur de la proposition n'a pas senti que, abstraction faite de la valeur intrinsèque de sa proposition, il eût dû légalement la faire précéder d'une proposition du rapport de la loi de 1833, dont les dispositions contrarient l'usage que l'honorable M. Passy veut faire de son droit d'initiative parlementaire : car, quel que puisse être le mérite philosophique de la proposition dont la Chambre n'a encore voté que l'examen, une considération fondamentale domine ici toute la question, et le respect de cette considération importe tant à la stabilité de tout gouvernement organisé, que nous ne craignons pas de dire qu'il doit l'emporter sur les plus vives susceptibilités de l'omnipotence parlementaire.

En effet, Messieurs, permettez - moi de vous le dire avec une franchise qui ne peut avoir rien de blessant pour le grand pouvoir que vous exercez, le législateur est le principal intéressé au respect des lois existantes : car ce respect, il le veut sans doute pour celles qu'il médite. Quand une loi est reconnue vicieuse ou insuffisante, c'est avant tout de sa modification qu'il faut s'occuper : si donc ce besoin existe pour la loi de 1833, il est des voies légales d'y pourvoir. Je ne défendrai pas ici l'immutabilité de cette loi ; mais qu'il me soit cependant permis de dire que, si elle devait être changée avec le but avoué d'attirer dans les Chambres la solution de questions dont les législatures précédentes croyaient plus sage de ne point connaître, la première condition de toute modification tendante à enlever aux colonies les garanties de la loi de 1833 serait, en justice rigoureuse, de décréter l'admission des députés coloniaux, non pas à la barre, mais à la tribune de la Chambre, et celle de leurs votes dans l'urne législative, afin qu'il ne fût pas dit qu'après huit années d'une révolution faite au nom de droits méconnus et violés, il se trouvât en France un pouvoir qui, sans se laisser arrêter par la crainte de compromettre jusqu'à l'existence des colons, prétendît disposer arbitrairement, et sans le concours des intéressés, de la fortune de 100,000 citoyens français, dont les titres de propriété sont de création et d'institution métropolitaine, et qui par conséquent, à ce seul titre, ne peuvent être déchirés qu'après débats contradictoires, et paiement d'une juste et préalable indemnité.

Telles sont, Messieurs, les objections préjudicielles qu'un membre du conseil électif des colonies a pu croire qu'il est de son devoir d'opposer à la proposition de M. Passy. Cette réserve faite, j'essaierai volontiers de combattre cette proposition par des arguments positifs, et, si vous le permettez, de vous démontrer :

1° Que, fût-elle constitutionnelle, la proposition de M. Passy, dans les termes où son auteur en a demandé la prise en considération, n'en constituerait pas moins une violation manifeste du droit de propriété des colons, et que, par conséquent; elle n'est ni juste ni légale;

2° Que, fût-elle légale et entourée de toutes les conditions d'indemnité dont elle foule aux pieds le principe, elle n'en serait pas moins la combinaison la plus contraire aux véritables intérêts de l'avenir des esclaves.

Lorsqu'on a, Messieurs, à juger du mérite et des résultats d'une institution ou d'un fait quelconque, il faut savoir tenir compte des causes qui les ont produits. Je serais peut-être en droit de vous dire, avec un économiste qui ne peut être suspect de partialité coloniale, « qu'il n'y a » de droits imprescriptibles à la liberté que pour » qui est en mesure d'en jouir avec profit pour » la société et pour lui-même; que l'esclavage, » si odieux qu'il puisse être, est cependant une » forme sociale; qu'il doit être conservé là où » toute autre forme meilleure serait impossi- » ble, pour ne disparaître que là où l'infé- » rieur est mûr pour une plus favorable condi-, » tion (1). »

Mais je ne viens point ici défendre le principe de l'esclavage; toutefois il n'en reste pas moins constant que, dans l'état actuel des cho-

____

(1) Lettres sur l'Amérique, tome 2, p. 264, par Michel Chevalier, 3ᵉ édit., Paris, 1838.

ses , il faut prendre ce fait pour ce qu'il est , et reconnaître qu'il n'y a pour réhabiliter les droits que l'esclavage peut blesser d'autre moyen légal que de commencer par satisfaire aux autres droits qu'il a créés.

Or il ne faut pas perdre de vue, Messieurs, que l'esclavage, tel qu'il est constitué aux colonies, n'est le résultat ni de la conquête ni de la violence, mais qu'il est l'œuvre directe des lois et des primes métropolitaines ; que c'est donc dans son propre intérêt que la métropole a rendu ces lois ; que les capitaux que ces mêmes lois ont appelés à exploiter ce système sont, ainsi que leurs possesseurs, tous sortis de la France, et n'ont rien perdu des droits de l'inviolabilité qui suit la propriété française partout où règne la charte et où se déploie le drapeau national.

Je ne vous dirai pas , Messieurs , ce que j'aurais certainement le droit de vous dire, que cet esclavage n'a rien des rigueurs qu'on lui suppose lorsqu'on le compare , sans raison , avec l'esclavage de l'antiquité. Il suffirait du code noir, et sans parler des heureuses modifications que les mœurs et les ordonnances plus récentes y ont apportées, pour vous prouver que l'influence de la loi et de la morale chrétienne n'a jamais cessé de se faire sentir au profit de l'esclave dans ses rapports avec son maître. En effet, les règlements qui ont assuré à ce dernier le bénéfice du travail des esclaves ne se sont pas bornés à restreindre les limites de ce travail bien en deçà de ce qu'on exige en France du travailleur libre; ces règlements ont encore imposé au maître la dépense des soins exigés pour les malades, les vieillards et les infirmes. Ce devoir, nous pouvons dire avec assurance que le maître l'accomplit loyalement et généreusement. Cette obligation a, il est vrai, une compensation qui ne peut en être séparée : elle consiste dans la perspective des services à obtenir de l'enfant de l'esclave, services destinés à indemniser le maître, et des frais d'entretien de l'enfant jusqu'à l'âge d'un travail fructueux, et des frais causés par l'entretien des parents au delà du terme des services utiles. Cette conséquence logique du fait même de l'esclavage répond au sophisme qui croirait pouvoir justifier, sans indemnité juste et préalable, la cessation du droit de propriété du maître sur l'enfant de son esclave. Elle attaque donc par la base la proposition de M. Passy, qui n'a pu croire qu'une indemnité qui doit payer la dette de l'arriéré et désintéresser l'avenir pût être représentée par les 5o fr. qu'il propose de donner annuellement au maître, pendant dix ans, pour l'indemniser des frais de l'éducation du nouveau libre, en faveur de qui il dispose en outre, sans limites, des soins de la mère esclave dont le temps valide appartient au maître.

Je ne m'arrêterai point à une discussion sérieuse de l'allocation pécuniaire destinée, sans doute seulement dans la pensée de M. Passy, à couvrir les frais de l'entretien du nouveau libre; mais je me bornerai à vous rappeler qu'en France la législation du régime des enfants trouvés alloue pour les frais qu'entraînent la nourriture et l'éducation (1) de 1 à 12 ans une rétribution moyenne de 87 fr. 42 cent., non compris la valeur des services que les dépositaires *volontaires* de ces enfants en retirent de 6 à 12 ans, et les autres gratifications que ces mêmes dépositaires reçoivent du gouvernement dans les cas prévus par l'arrêté du 30 ventôse an 5.

Or, comme il ne s'agit pas ici d'un droit de propriété à satisfaire, qu'on juge maintenant de

(1)   De 1 à 2 ans 105 fr. 96 c.
        De 2 à 6 »   95   40
        De 7 à 10 »   84   62
        De 10 à 12 »   63   60
(Décision ministérielle du 6 mai 1818, encore en vigueur.)

l'équité de la prétendue indemnité proposée par
M. Passy.

Je suis prêt à rendre justice à la pureté des
motifs et à la droiture des intentions de cet honorable député; mais qu'il me soit permis de lui
dire ici, et à vous aussi, Messieurs, que, si, pour
arriver à la cessation du fait de l'esclavage, on
ne se contente pas du résultat des affranchissements librement consentis par les maîtres, et qui
depuis 1830 ont suffi pour faire, sur 300,000 esclaves, 32,000 nouveaux libres, il n'y a qu'un
parti à prendre pour satisfaire sans spoliation
cette impatience plus généreuse que réfléchie
d'une émancipation de la race africaine, c'est de
racheter la liberté de la totalité de la population
esclave au moyen d'une indemnité préalable
librement et contradictoirement discutée entre
l'état et les détenteurs d'une propriété dont l'état
juge qu'il y a utilité publique à demander l'a-
bandon. Tout autre moyen, c'est-à-dire toute
mesure partielle, commet à l'égard du proprié-
taire colon la grave injustice d'affecter la totalité
de sa propriété, tout en ne paraissant lui demander qu'un sacrifice partiel, et par conséquent de n'aboutir qu'à une indemnité illusoire
et à une spoliation déguisée qu'on accomplit
sans avoir le courage de l'avouer.

I

Tel est, Messieurs, le juste motif des répu-
gnances, ou si l'on veut même de la résistance
dont le sentiment doit exister dans les colonies
contre tout système d'émancipation qui ne pro-
cédera pas du principe d'une totale, juste et
préalable indemnité.

Ce qui précède paraît devoir suffire pour démontrer le peu de justice et même de légalité
de la proposition de M. Passy. Les considérations
suivantes tendent à démontrer :

Que, fût-elle légale et juste, elle n'en serait
pas moins la combinaison la plus contraire aux
véritables intérêts d'avenir de l'Africain trans-
planté dans nos colonies, et dont il s'agit de fa-
voriser le progrès moral.

Les naissances illégitimes sont la plaie des
vieilles sociétés; mais elles n'ont jamais été con-
sidérées comme le ciment utile d'une société
nouvelle. C'est cependant ainsi que l'auteur de
la proposition paraît les avoir envisagées, si l'on
doit en juger par les encouragements qu'il leur
donne. Ces stipulations en faveur d'une promis-
cuité dépouillée de tout caractère soit moral,
soit légal, sont de mauvais moyens de préparer
la formation d'une société dont les éléments sont
encore à peine sortis des limbes de la barbarie
ou de l'état sauvage. C'est ce dont il faut espérer

que la réflexion a dû convaincre l'honorable M. Passy lui-même.

Quant à nous, la connaissance spéciale que nous avons du véritable état des choses ne nous a jamais permis de douter que toute pensée d'émancipation qui ne prendra pas pour base primordiale la constitution de la famille n'aura d'autre résultat que de détruire le principe de toute sociabilité, en étouffant chez le nègre le germe des sentiments de famille, qui n'a encore pris qu'une bien faible extension, malgré les efforts persévérants d'une instruction religieuse encouragée par les sacrifices pécuniaires des maîtres.

Il est fâcheux que l'auteur de la proposition n'ait été préoccupé que d'une seule idée, celle de détruire la propriété du maître : car, au fait, il ne paraît avoir songé ni à l'avenir de la société coloniale, ni même à celui du petit citoyen auquel il a donné la vie politique. Il était sans doute très difficile de concevoir un système d'éducation en harmonie avec l'étrange situation de *l'enfant de la fille esclave;* la difficulté a été résolue par l'omission. Mais cependant ce besoin d'une éducation spéciale existe, si l'on veut que l'enfant trouve un jour sa place dans la société. Sera-ce la mère qui pourra remplir ce premier devoir ? Quels sentiments pourra-t-elle commu-

niquer, cette pauvre esclave , dont les facultés
ne se sont pas encore éveillées sur la valeur
morale du plus grand nombre de ses actes ?
Quelle direction d'avenir pourra recevoir cet
enfant ? Qui se chargera de réhabiliter à ses yeux
le travail de la terre, déclaré vil par l'ignorance
et les préjugés de l'esclave ? Les industries ur-
baines sont déjà encombrées; ce sera cependant,
dans toutes les hypothèses d'affranchissements
partiels, vers ce moyen d'existence que se préci-
piteront les nouveaux affranchis. Déjà les villes
de nos colonies souffrent de ces excès de population qu'on ne peut y employer et qui deman-
dent trop souvent leur moyen d'existence au vol
et au vagabondage. Quel sera , selon la judi-
cieuse et récente réflexion d'un publiciste mé-
tropolitain (1), *quel sera l'avenir d'une colonie
condamnée à regorger un jour de vagabonds qui
n'auront point compris la nécessité du travail,
qui n'est pas d'ailleurs le goût dominant des
nègres ?*

Ce n'est pas tout encore. Dès la promulgation
d'une pareille loi le travail se désorganise et
l'industrie se paralyse. Dans cette étrange confu-
sion de l'esclavage et de la liberté , condamnées

(1) *Le Censeur* , revue législative. Mars 1838.

à vivre ensemble dans la même famille et la même cabane, il n'y a plus de discipline possible dans un atelier. Ce ne sera pas seulement entre les enfants de la même mère que la création de cet étrange privilége de post-géniture sèmera la haine et la discorde; ce sera jusqu'aux auteurs de l'enfant privilégié que ces sentiments remonteront : car comment ferez-vous comprendre à un nègre que, dans un but de réhabilitation philosophique de sa race, vous laissez dans la contrainte du travail forcé celui que de longs services semblaient devoir désigner aux premières faveurs, pour reporter toute votre sollicitude sur l'enfant, qui n'y a pas d'autre titre que d'être né dans le délai de votre grâce tout arbitraire?

Remarquez bien que nous ne parlons point ici du dommage matériel, ou, pour mieux dire, de la ruine que cet amalgame monstrueux de l'esclavage et de la liberté doit causer à celui à qui vous prétendez n'enlever que les enfants à naître : car nous ne voulons envisager ici que le côté moral de la question.

Il serait d'ailleurs impossible d'énumérer tous les désordres qu'une pareille combinaison ferait surgir. Quels en seraient les remèdes? La mère n'a point d'état civil : qui suppléerait à la tutelle qu'elle ne peut exercer? Serait-ce le maître?

Combien de tutelles songez-vous à lui imposer ?
Quel que soit l'individu que vous choisissiez pour
cet office, s'il est forcé d'en subir deux, le Code
civil à la main il repoussera la troisième (1). Si
vous allez au delà, quelle serait d'ailleurs la pé-
nalité que vous infligeriez à l'infraction de vos
dispositions arbitraires? Ce n'est pas tout encore:
il vous faudrait fonder des hospices pour recueil-
lir d'abord les enfants délaissés par la mort de
la mère ou la négligence du maître, puis les
vieillards esclaves et les esclaves infirmes, dont
vou sne pourriez plus imposer le charge au maître : car du moment où vous l'auriez dépouillé
des moyens de compensation que lui garantit
l'avenir du travail des jeunes esclaves, vous ne
pourriez plus le forcer à remplir les autres conditions tacites ou exprimées de l'ancien contrat
de travail. En eût-il la volonté, la cessation for-
cée de son industrie ne lui en laisserait pas long-
temps le moyen. Admettant même qu'il lui fût
possible de recruter son atelier par des bras libres, il n'en serait pas moins en droit de vous
dire : « L'emploi des hommes valides en France
» n'impose de charge ou ne donne de droit au
» salaire que pour le temps de cet emploi. Il n'y

(1) Art. 435.

» a point en France de manufacturier ou de pro-
» priétaire rural qui soit obligé de pourvoir à la
» subsistance de l'ouvrier, soit malade, soit in-
» valide. Les anciennes lois coloniales avaient,
» dans l'intérêt de l'humanité, limité mes droits
» d'affranchissement. Elles m'imposaient le de-
» voir de nourrir les bras usés à mon service,
» mais en même temps elles me garantissaient la
» conservation de mon atelier, et par conséquent
» celle de mon industrie. La loi nouvelle ne
» peut me forcer à rester chargé d'un manœu-
» vre inutile. Je ferai ce que fait l'industriel eu-
» ropéen, et je consens même à faire souvent
» mieux : je nourrirai et *soignerai* mon ouvrier
» dans ses maladies accidentelles tant qu'il me
» rendra ou pourra me faire espérer un utile ser-
» vice ; mais s'il me devient décidément à char-
» ge, je le remettrai à la charité publique. »

Qu'auraient à répondre ceux qui dédaignent
d'examiner à quel prix les impatiences novatri-
ces peuvent se satisfaire ? Tels seraient cependant les résultats inévitables de l'expédient d'affranchissement proposé par M. Passy :

Le paupérisme et le vagabondage, la perpé-
tuité du désordre moral qui s'oppose à la constitution de la famille, la désorganisation du travail
par l'anarchie introduite dans ses éléments et

par la destruction de toute discipline possible de ses agents, l'abrutissement des masses retombant de tout le poids de leur ignorance et de leur dégradation dans la barbarie dont elles sont à peine sorties, et pour couronnement de tous ces maux la nécessité, mais non la possibilité, d'ouvrir à grands frais des aslyes à toutes ces misères humaines qu'une ardeur irréfléchie d'émancipation aurait produites.

Les objections que nous avons cru devoir élever plus spécialement contre l'affranchissement des enfants à naître ne s'appliquent pas avec moins de raison contre les autres dispositions de la proposition de M. Passy : car celles qui ont le moins de danger ou sont superflues, ou ont encore de graves inconvénients.

A qui de ceux qui ont vu nos colonies fera-t-on croire qu'il soit nécessaire de prendre ses sûretés contre la disposition du maître à séparer les conjoints, je ne dis pas d'une union légitime, mais d'une simple association qui aura donné quelque gage de stabilité? Quel est celui qui, après avoir habité nos établissements d'outre-mer, ignore qu'on n'achète jamais un esclave contre son gré, et que l'intérêt personnel est assez bien averti sur ce point pour que le législateur n'ait pas besoin de s'en préoccuper.

Quant au rachat forcé, nous n'élèverons pas contre cette mesure l'objection légitime qui pourrait cependant être faite du dommage qu'elle doit causer au maître, dont elle désorganise et ruine l'industrie, sans pourvoir à l'indemnité due à la portion du capital frappé par là de stérilité. Mais nous en ferons une autre qui doit avoir bien plus de poids aux yeux des partisans de la mesure, si c'est vraiment le progrès moral et matériel de la race esclave tout entière qu'ils poursuivent.

S'ils veulent puiser leurs informations à des sources certaines, ils sauront ce qu'est devenue l'immense majorité des 32,000 nouveaux libres faits depuis 1830, et dès lors ils comprendront s'il y a utilité ou danger social, non pas seulement pour les maîtres, mais encore pour l'avenir des esclaves, à grossir inconsidérément les rangs de ce prolétariat inorganisé, qui, une fois délivré des obligations régulières du travail forcé, ne sait prendre aucune des habitudes morales et civilisatrices du travail libre. Ils comprendront, nous l'espérons du moins, que l'avenir de la société qu'on veut fonder trouvera bien plus de garanties dans l'éducation préparatoire dont il faut faire précéder l'affranchissement que dans la puissance d'un règlement administratif

par lequel on essaierait de corriger les vices
d'une liberté prématurée et mal comprise de
ceux qui n'y voient qu'un moyen de s'affranchir
de toute contrainte, soit matérielle, soit morale,
soit sociale. L'usage déjà fait par les maîtres des
facilités nouvelles que depuis 1830 les ordonnances ont ouvertes aux affranchissements doit
prémunir contre toute crainte d'entrave à ceux
qu'on peut accorder sans inconvénient. Si une
loi nouvelle voulait être plus explicite, elle de-
vrait, sans doute, aussi reconnaître la nécessité
de certaines dispositions restrictives qui pussent
répondre à la société que le vol et l'infidélité do-
mestiques ne devinssent pas les auxiliaires de la
libération de l'esclave. Ces précautions légales
pourraient peut-être suffire contre une partie
des abus de la loi; mais elle aurait toujours le résultat fâcheux d'ôter aux affranchissements ce vernis de récompense et d'encou-
ragement moral qui accompagne aujourd'hui le
titre d'une liberté librement concédée par le
maître.

Les nouvelles reçues récemment d'une de nos
colonies sont une triste mais bien puissante jus-
tification de l'exposé que nous venons de faire
de l'état social des nouveaux libres. Ce n'est
point d'une insubordination d'esclaves qu'il s'a-

gît ici, (Puisse la proposition qui nous occupe ne pas venir trop tôt troubler leur repos et leur soumission!) mais c'est d'un désordre sérieux parmi les affranchis qu'il est question, et la cause qui a produit ce désordre est l'indice le plus évident de la faiblesse du lien social qui relie la masse.

Au départ d'un gouverneur justement regretté, les hommes les plus considérables de l'ancienne classe de couleur dans une des principales villes commerciales de nos Antilles cédèrent au désir peu réfléchi d'offrir au gouverneur partant l'hommage isolé de leur reconnaissance et de leurs regrets.

Avec un sentiment plus éclairé des principes d'égalité politique consacrés par la loi de 1833, ils auraient pu s'apercevoir que cet isolement volontaire du reste de la corporation commerciale, qui n'avait jamais manifesté contre eux la moindre idée d'exclusion, n'était ni complétement légal, ni même à leur avantage. Aucune observation critique n'a cependant été faite à cet égard dans les rangs où elle aurait pu naître. Quant au reste de la classe de couleur, ce n'est pas l'illégalité de la démarche qui a éveillé ses susceptibilités et sa colère, mais bien le témoignage d'adhésion aux actes d'un gouverneur qui avait eu le *tort* de soumettre l'ouvrier de toutes couleurs à l'obligation du livret, dont les ouvriers métropolitains regardent la possession bien plutôt comme un titre à la considération que comme une obligation pénible. Il va sans dire qu'aucun ouvrier de race blanche n'a montré la moindre répugnance pour ce gage de sa soumission à la loi ; mais ce qui vous semblera sans doute étrange, Messieurs, c'est qu'une telle mesure ait pu paraître offensante à l'ouvrier de sang mêlé, et que plusieurs aient préféré quitter la colonie plutôt que de s'y soumettre.

Eh bien, c'est l'acceptation plutôt encore tacite qu'avouée de cette mesure qui a déterminé l'explosion des tentatives de meurtre et d'incendie faites contre ceux qui n'avaient pas voulu épouser un ressentiment aussi insensé, et il n'a fallu rien moins que la présence de toute la garnison mise sur pied, et ayant à sa tête le gouverneur provisoire, pour préserver de la fureur de ces sauvages ceux qui avaient cru pouvoir rendre au représentant du roi l'hommage, sinon le plus nécessaire, au moins le plus innocent.

Nous ne cesserons de le dire, Messieurs, avant de faire sur nos colonies, déjà si malheureuses par l'injustice des lois fiscales qui les oppri-

ment , de nouveaux essais d'empirisme philan-
thropique, commencez par tâcher d'y faire naître dans les masses le sentiment des nécessités
sociales, dont la première est bien certainement
la soumission aux lois , non pas seulement cette
soumission que l'appareil de la force commande,
mais celle qui sort des dispositions intimes d'une
société moralement constituée.

Parmi les 32,000 libres faits depuis 1830 , il
n'y en a pas un dixième qui puisse encore offrir
à la société les garanties d'une industrie régu-
lière , et pas un centième celles plus indispensables encore de la constitution de la famille.
Travaillez donc d'abord à produire ce résultat.
Pendant ce temps donnez des soins analogues à
l'éducation des esclaves. Les colonies en ont
pris l'initiative et accueilleront avec reconnaissance le concours de vos efforts. Préparez-les
ainsi à l'émancipation que vous leur réservez;
développez surtout en eux les sentiments qui
peuvent aider à la constitution de la famille ;
mais renoncez à cette impatience qui n'atteste
que le désir d'un vain bruit et qui ne garantit
ni réalité ni stabilité dans le progrès. L'Angleterre a mis vingt-sept années entre la suppression
de la traite et la promulgation de son bill d'é-
mancipation ; et cependant encore toutes les po-

pulations esclaves de ses colonies n'étaient pas également préparées à cette grande transformation. Vous n'avez pas long-temps à attendre pour en acquérir la preuve ; ne vous privez pas volontairement du bénéfice de l'expérience qui se fait à votre profit dans votre voisinage, et dont quatre ou cinq années suffiront pour faire sainement juger. La condition des esclaves dans les colonies françaises n'a rien qui commande cet abandon des règles de la plus vulgaire prudence. La situation matérielle du travailleur y est certainement meilleure que celle du travailleur libre de la métropole. Si vous voulez d'autres témoignages que le nôtre, encore quelques jours, et vous pourrez savoir de la bouche même des commissaires du roi près du gouvernement d'Haïti quelle est la situation relative des populations africaines, soit dans nos colonies, soit dans celles de l'Angleterre, soit même en Haïti, qui a déjà un long usage d'une complète liberté. Si cette enquête ne vous suffit pas, servez-vous de votre initiative pour demander au gouvernement qu'il prenne dans les chambres et dans l'administration du pays les éléments d'une commission spéciale dont l'exploration devra précéder toute nouvelle discussion parlementaire. Alors , sans doute , vous pourrez trouver

dans ce concours de lumières impartiales quelque heureuse combinaison qui, sans bouleverser
la société coloniale, sans détruire les richesses
que le travail y a créées, dans l'intérêt métro-
politain, non moins que dans l'intérêt colonial,
pourra servir de compromis entre les intérêts en
présence, et satisfaire aux plus nobles sentiments
de la dignité humaine sans violer la propriété
constituée par vos lois, et sans détruire enfin le
bien être matériel dont jouissent incontestablement les esclaves.

ADHÉSION.

Au nom de la Guadeloupe, dont je suis le
mandataire, j'adhère à la défense présentée par M.
le Bon de Cools, et fais les mêmes réserves que lui
pour le maintien du peu de garanties données

aux colons par la loi du 24 avril 1833, ou pour la stipulation de nouvelles garanties, si l'on croyait devoir changer cette loi.

Je pense, comme lui, que, par cette loi, les Chambres ont remis explicitement au pouvoir royal le droit de régler tout ce qui touche les affranchissements et les améliorations à apporter à la condition des personnes non libres dans nos colonies ; qu'elles ne peuvent être saisies légalement de ces questions que par l'initiative du gouvernement, lorsque des stipulations d'argent rendent nécessaire leur intervention. Ceci résulte incontestablement de la lettre et de la combinaison des art. 2, 3 et 4 de la loi précitée (1).

(1) La loi organique du 24 avril 1833 fait la répartition suivante des attributions législatives entre les chambres, le pouvoir royal, et les conseils coloniaux.

Art. 2.

« Seront faites par le pouvoir législatif du royaume :
» 1° Les lois relatives à l'exercice des droits politiques ;
» 2° Les lois civiles et criminelles concernant les personnes libres, et les lois pénales déterminant, pour les personnes non libres, les crimes auxquels la peine de mort est applicable ;
» 3° Les lois qui régleront les pouvoirs spéciaux des gouverneurs en ce qui est relatif aux mesures de haute police et de sûreté générale ;

Cette loi donne aux colonies un droit de consultation préalable , et les fait ainsi intervenir, pnur ces questions, dans les conseils de la cou-

» 4° Les lois sur l'organisation judiciaire ;

» 5° Les lois sur le commerce, le régime des douanes, la répression de la traite des noirs , et celles qui auront pour but de régler les relations entre la métropole et les colonies.

Art. 3.

» Il sera statué par ordonnances royales , *les conseils coloniaux ou leurs délégués préalablement entendus :*

» 1° Sur l'organisation administrative, le régime municipal excepté ;

» 2° Sur la police de la presse ;

» 3° Sur l'instruction publique ;

» 4° Sur l'organisation et le service des milices ;

» 5° *Sur les conditions et les formes des affranchissements , ainsi que sur les recensements ;*

» 6° *Sur les améliorations à introduire dans la condition des personnes non libres, qui seraient compatibles avec les droits acquis ;*

» 7° Sur les dispositions pénales applicables aux personnes non libres pour les cas qui n'emportent pas la peine capitale

» 8° Sur l'acceptation des dons et legs faits aux établissements publics.

Art. 4.

» Seront réglées par des décrets rendus par le conseil colonial , sur la proposition du gouverneur, les matières qui, par les dispositions des deux articles précédents, ne sont pas reservées aux lois de l'état, ou aux ordonnances royales. »

ronne, seule chargée de les résoudre. Si la loi venait à être changée, et si les Chambres revendiquaient le droit de traiter ces questions, elles ne pourraient le faire, sans violer les droits que tout Français tient de la charte, qu'en admettant des députés des colonies françaises dans le sein de la représentation nationale.

La chambre ne peut donc pas légalement donner suite à la proposition de M. Passy. Le rapport de la loi du 24 avril 1833 et le vote d'une loi nouvelle sont le préalable légal et indispensable de toute discussion sur ces matières.

Je partage également les opinions de M. de Cools en ce qui touche le fond de la proposition de M. Passy, et en général toutes les mesures partielles d'émancipation Ces mesures ne sont, à mes yeux, comme à ceux de mon collègue, que des moyens d'une spoliation déguisée et de désorganisation du travail, je les regarde d'ailleurs comme le plus grand obstacle à la formation d'une bonne société dans les colonies.

Je ne conçois d'équitablement possible qu'une émancipation simultanée, précédée d'une juste indemnité, avec garantie de la conservation du travail ; précédée d'ailleurs de la moralisation de la population déjà affranchie, et de la préparation de la classe à affranchir, par l'établissement de la famille et l'instruction religieuse, conditions indispensables du nouvel état social qu'on lui destine.

J'adhère d'ailleurs entièrement à toutes les opinions, observations et propositions contenues dans l'écrit de M. de Cools.

E. DE JABRUN,

Délégué de la Guadeloupe.